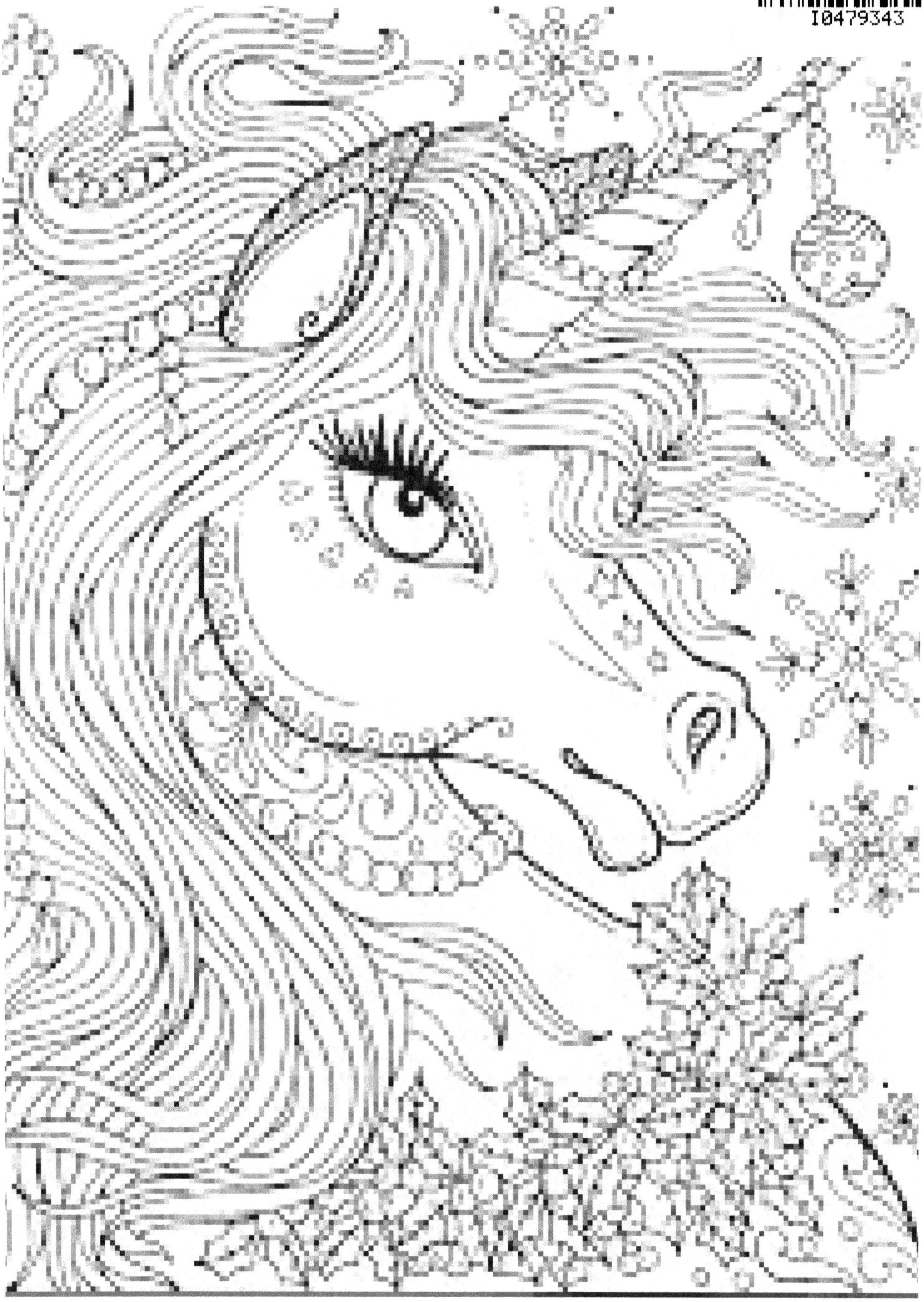

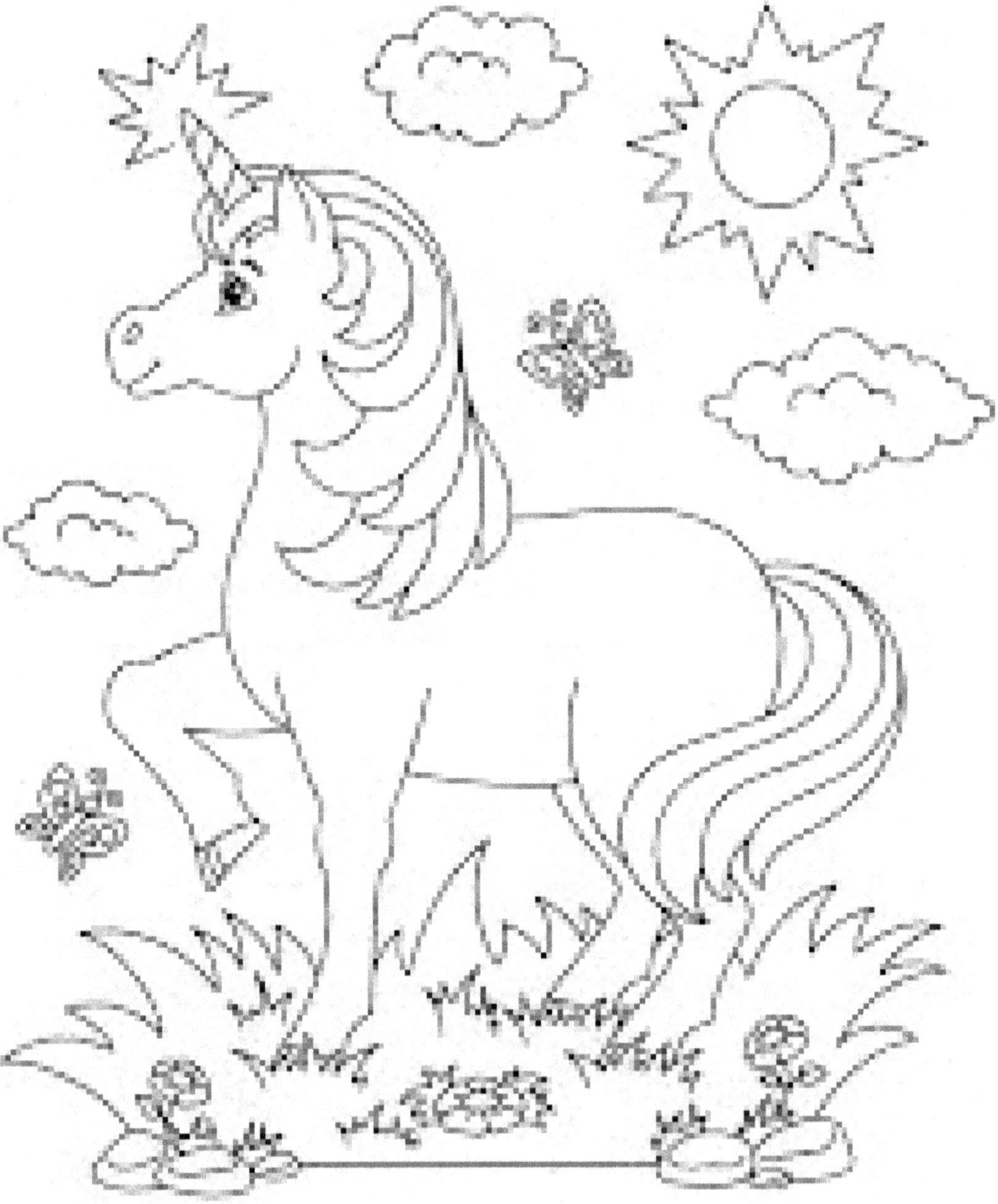

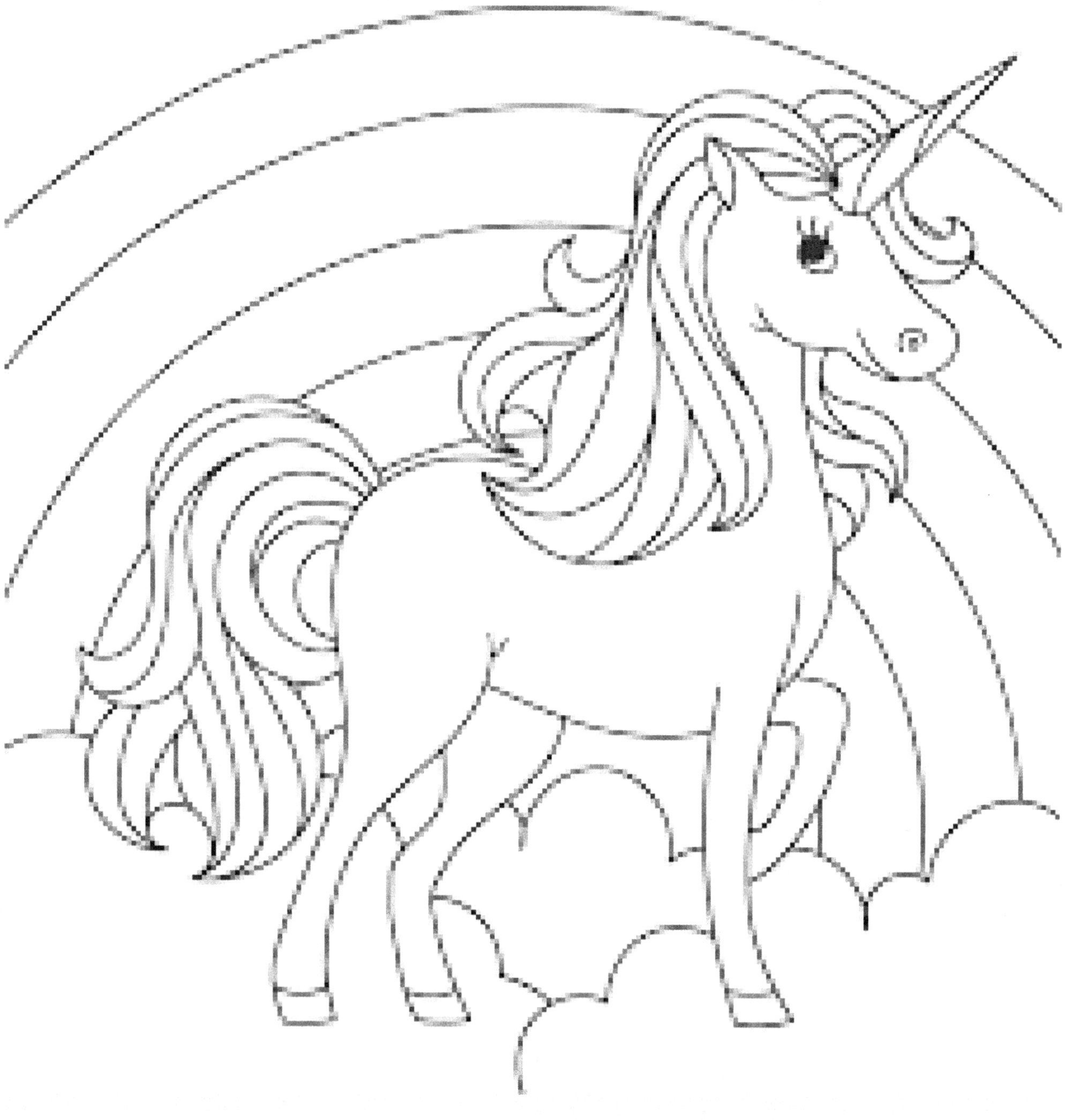

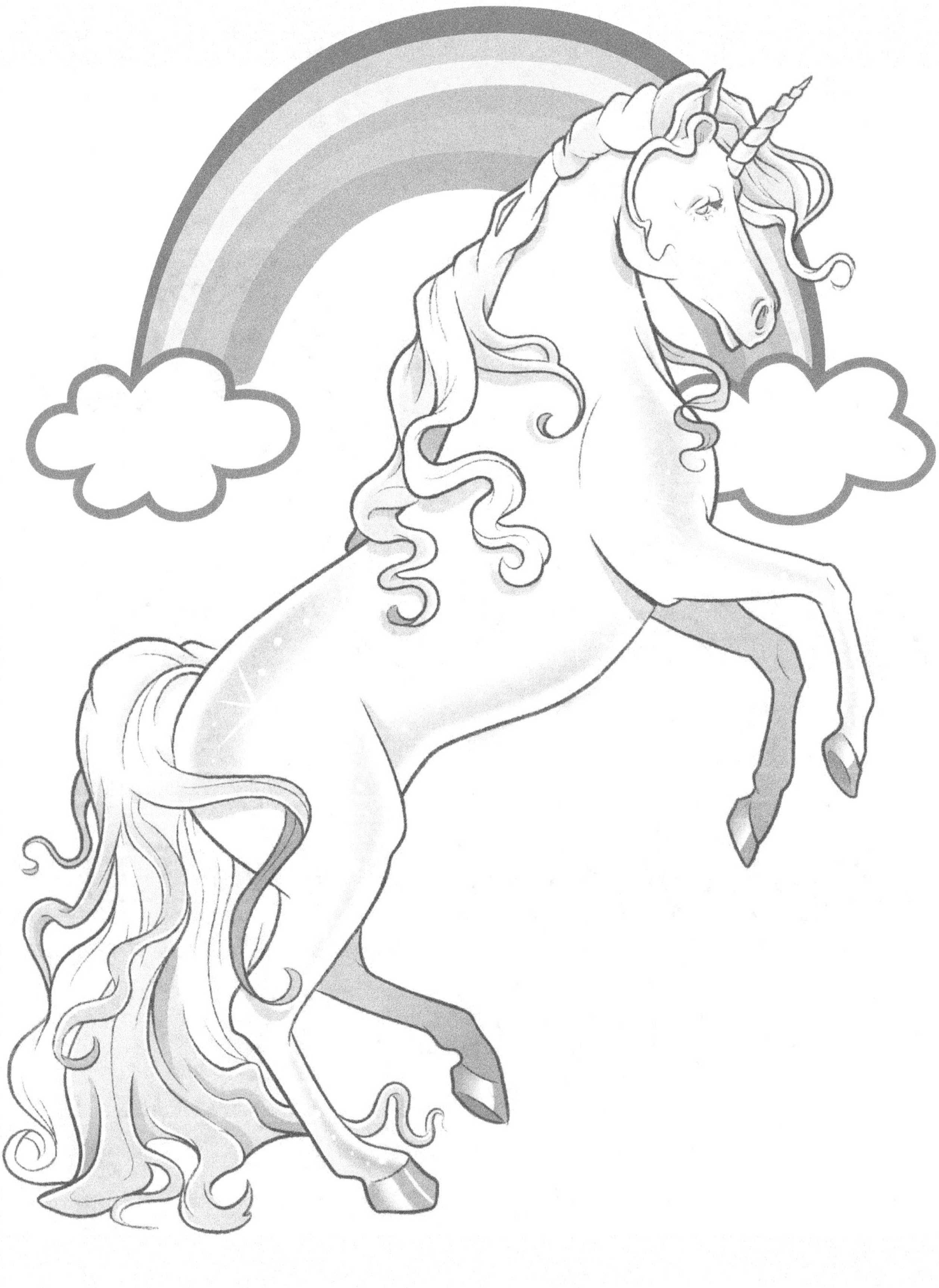

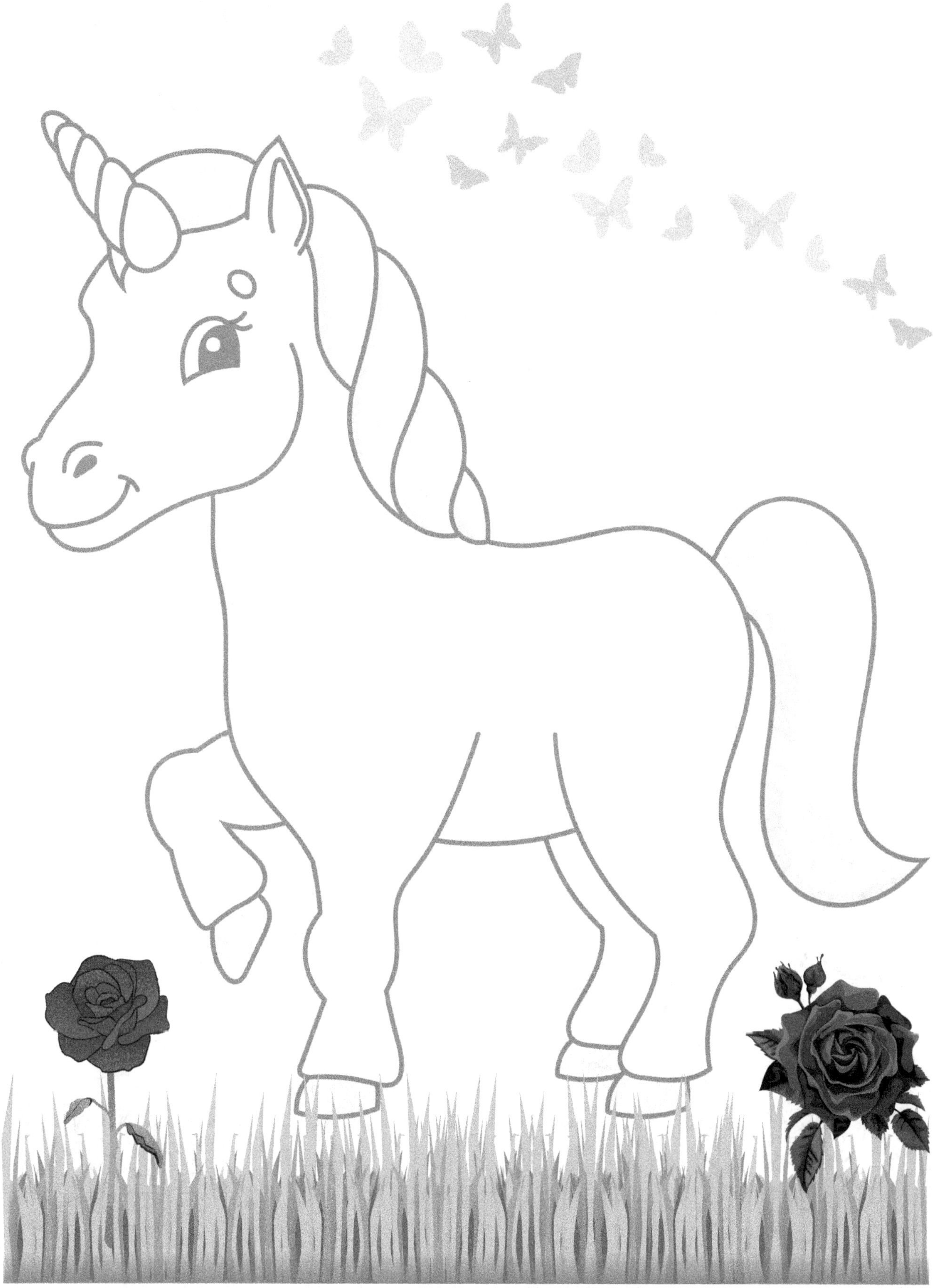

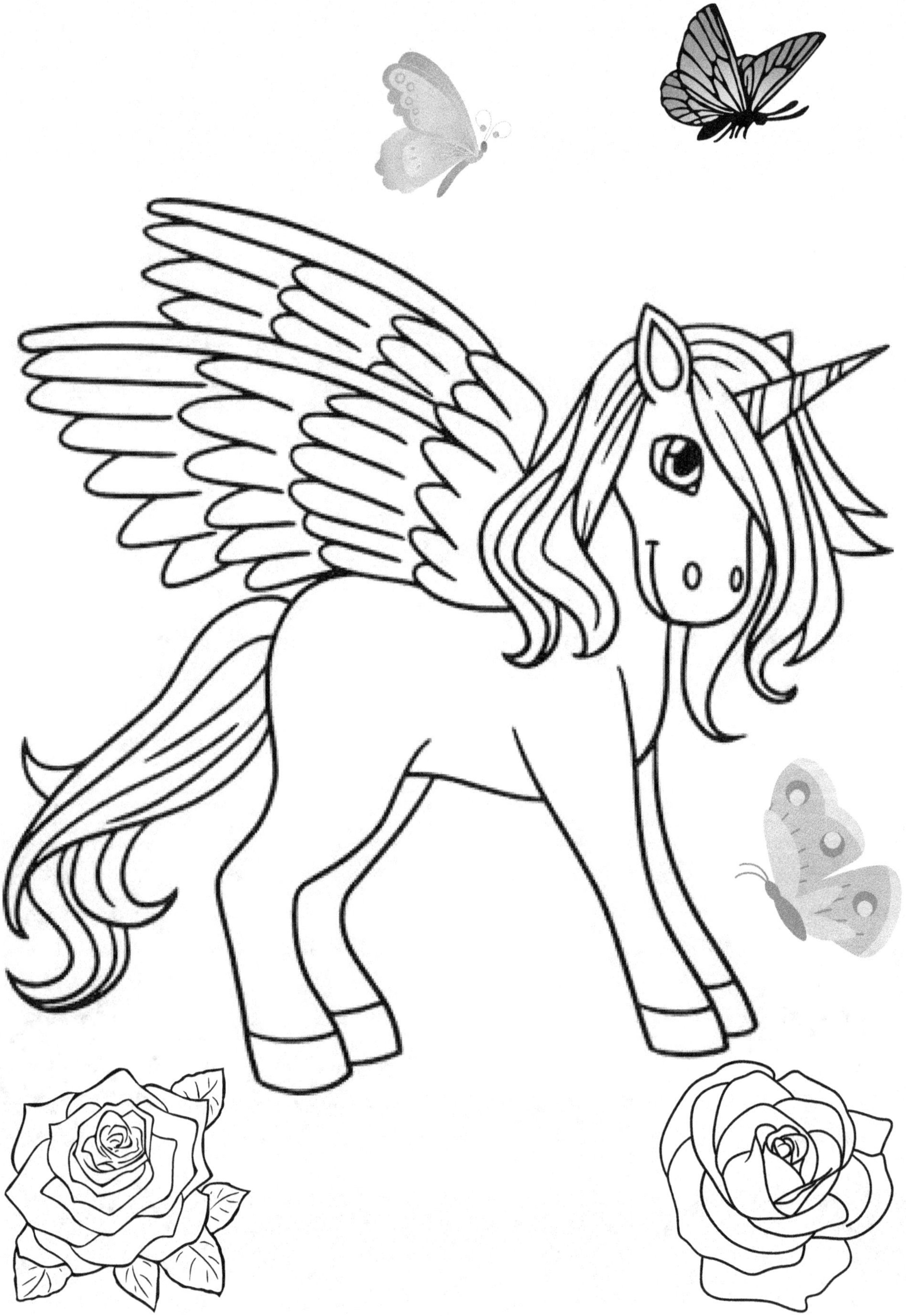

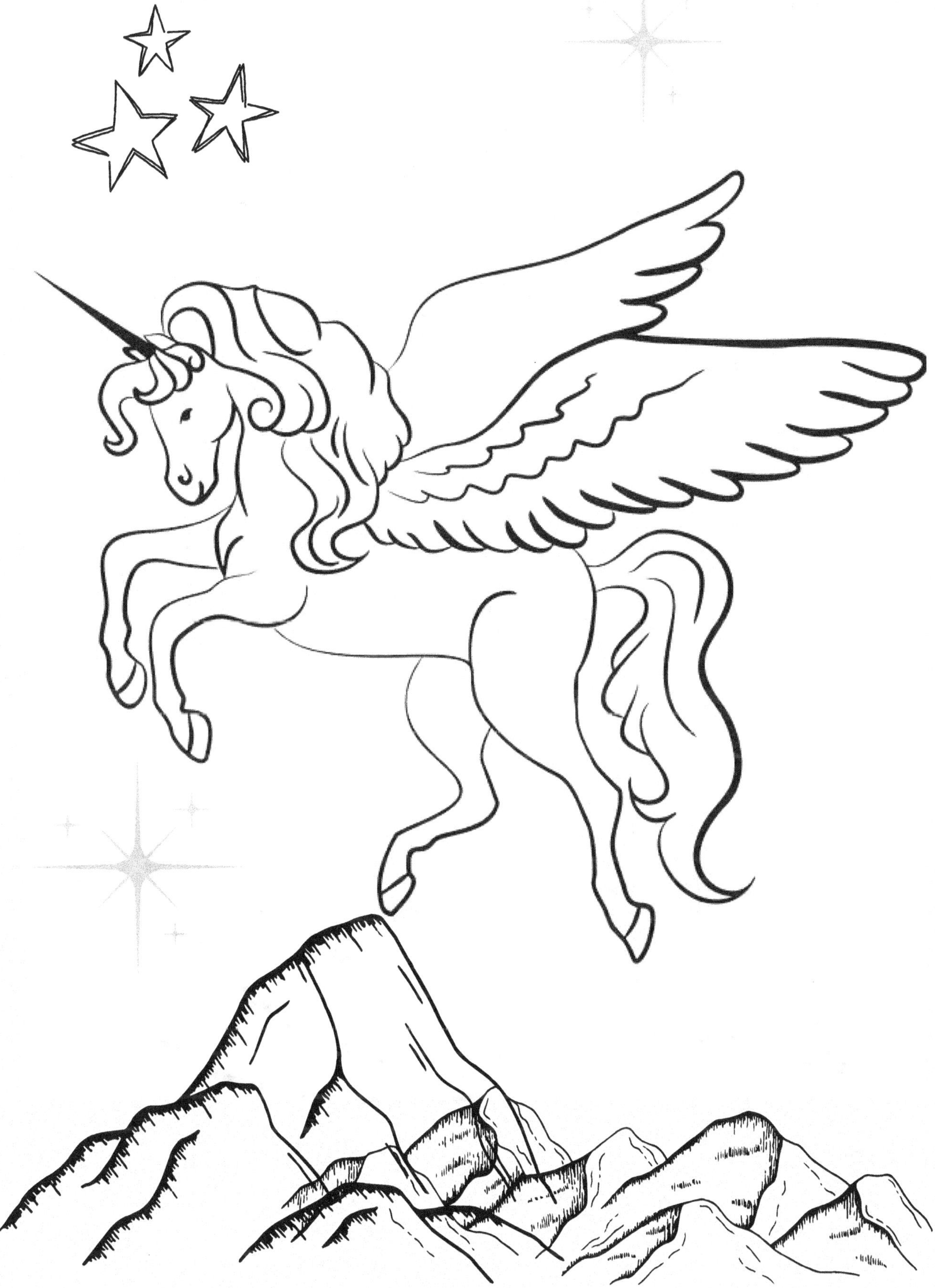

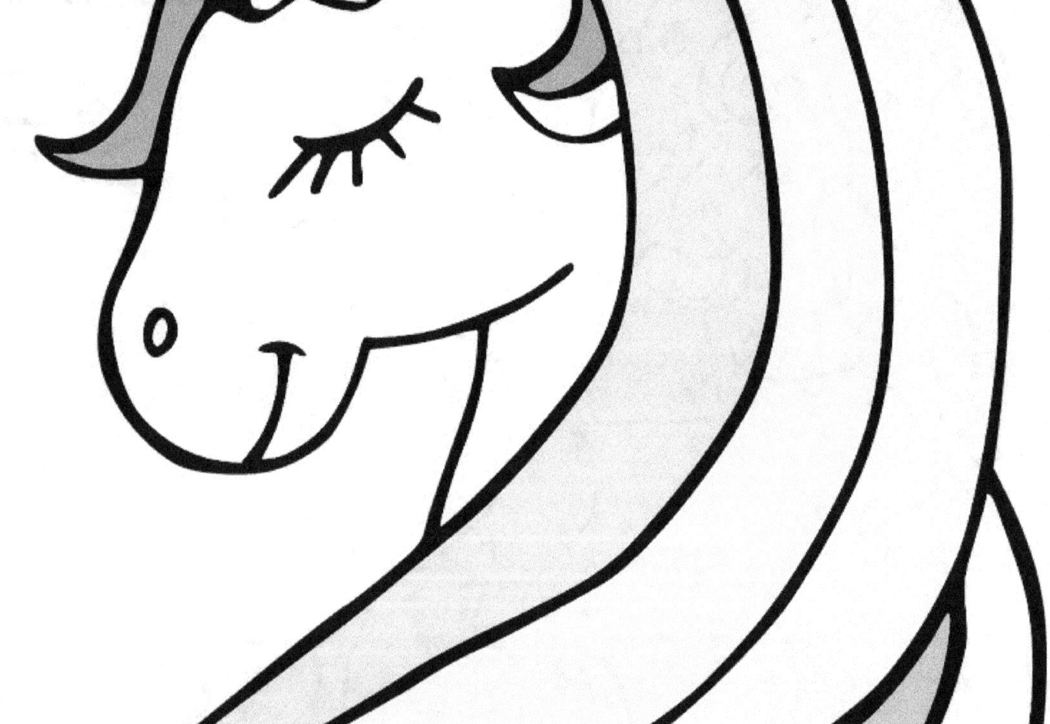

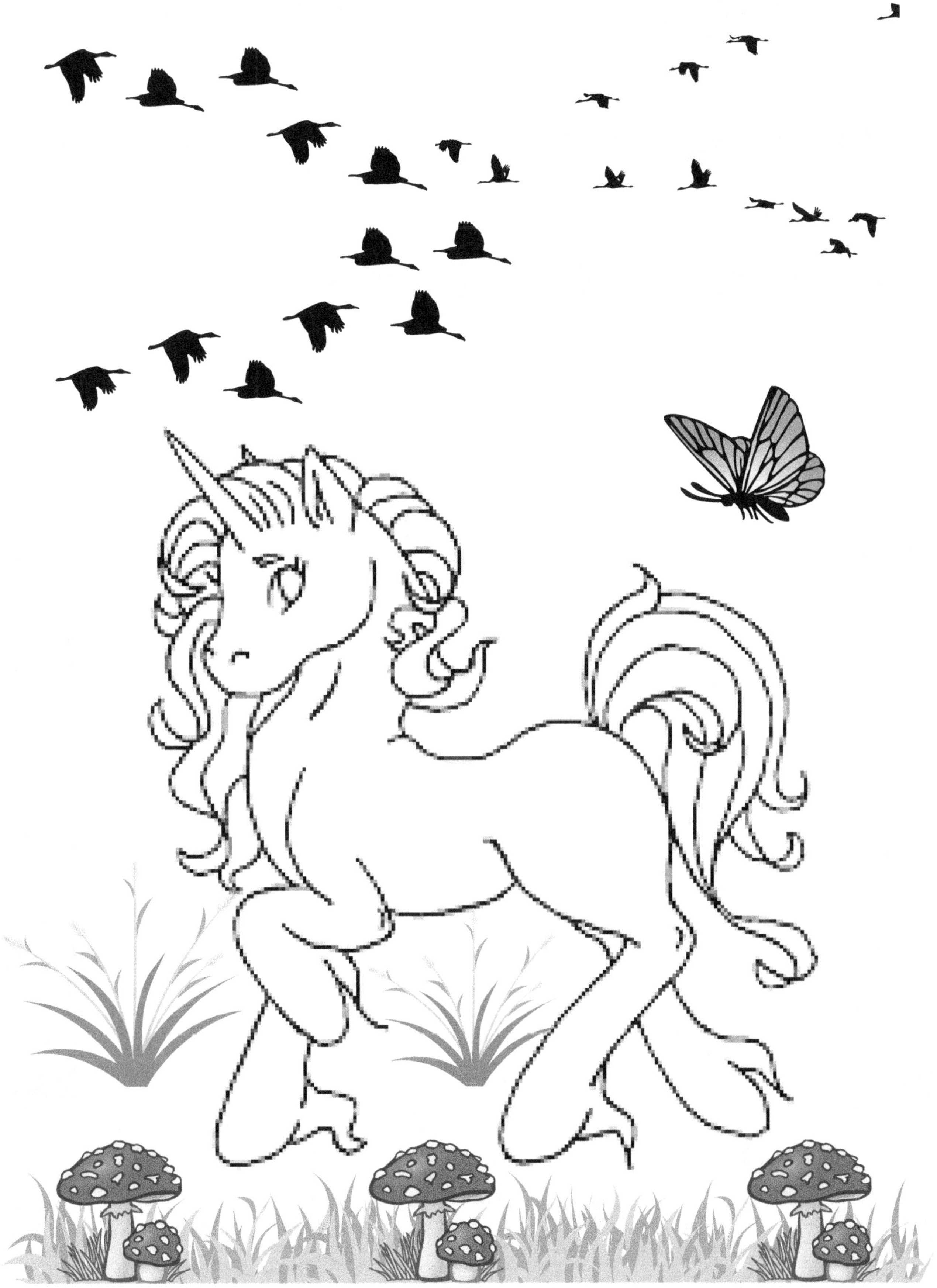

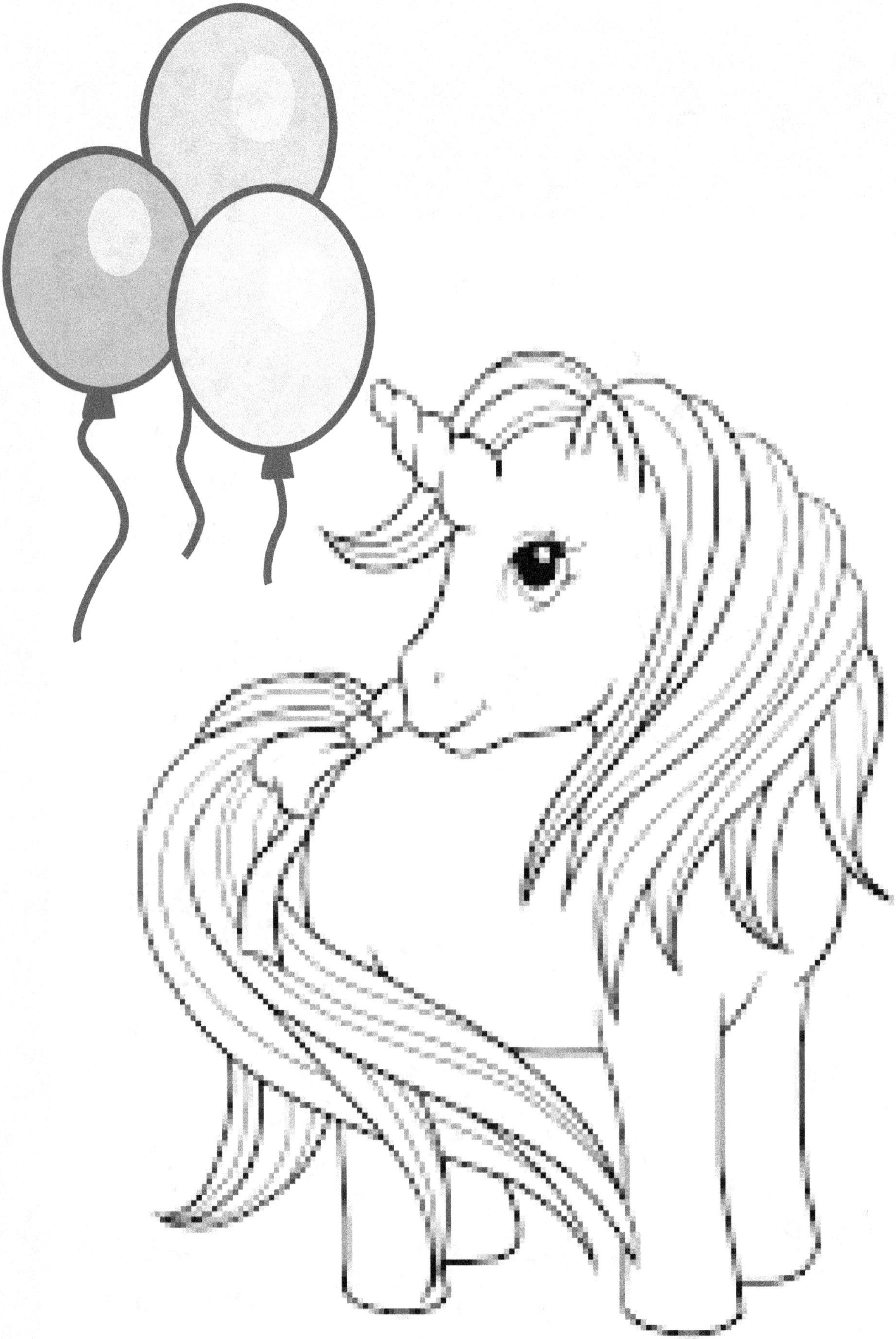

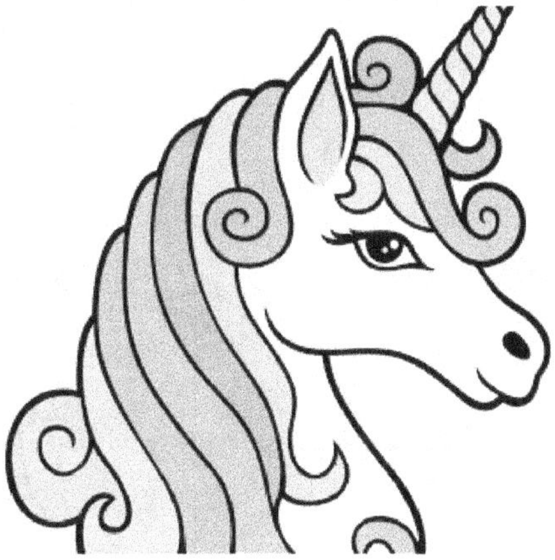

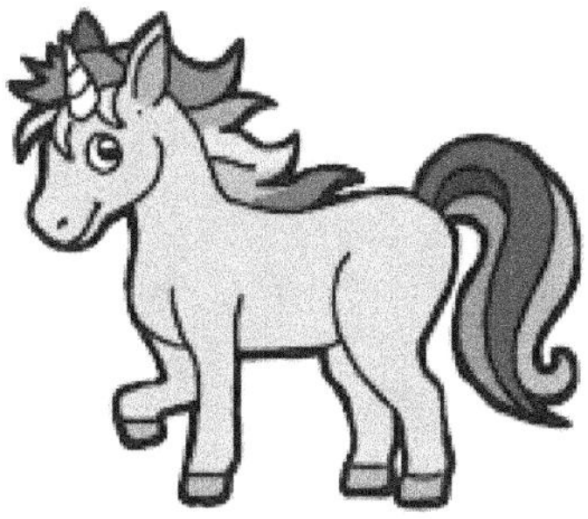

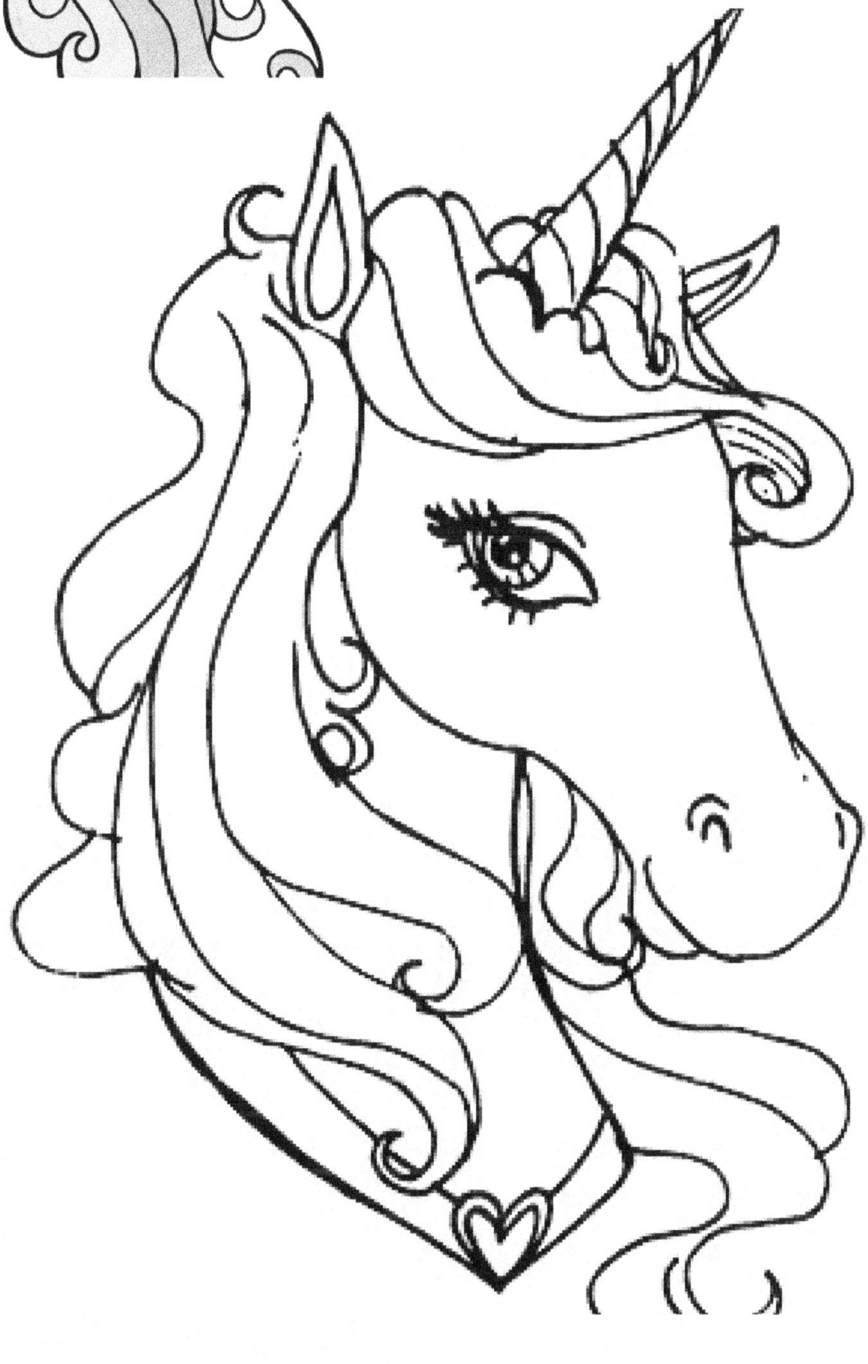

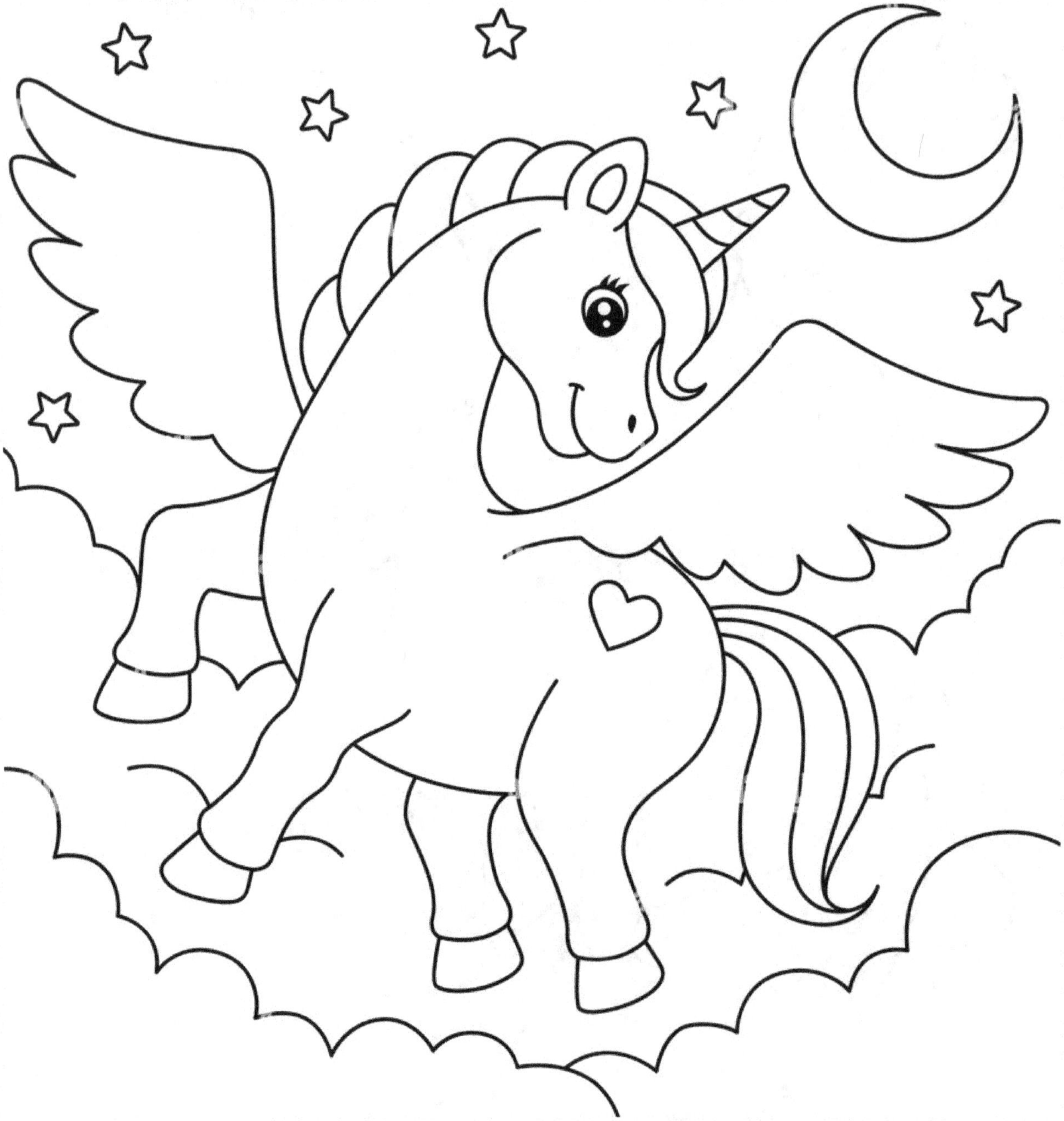

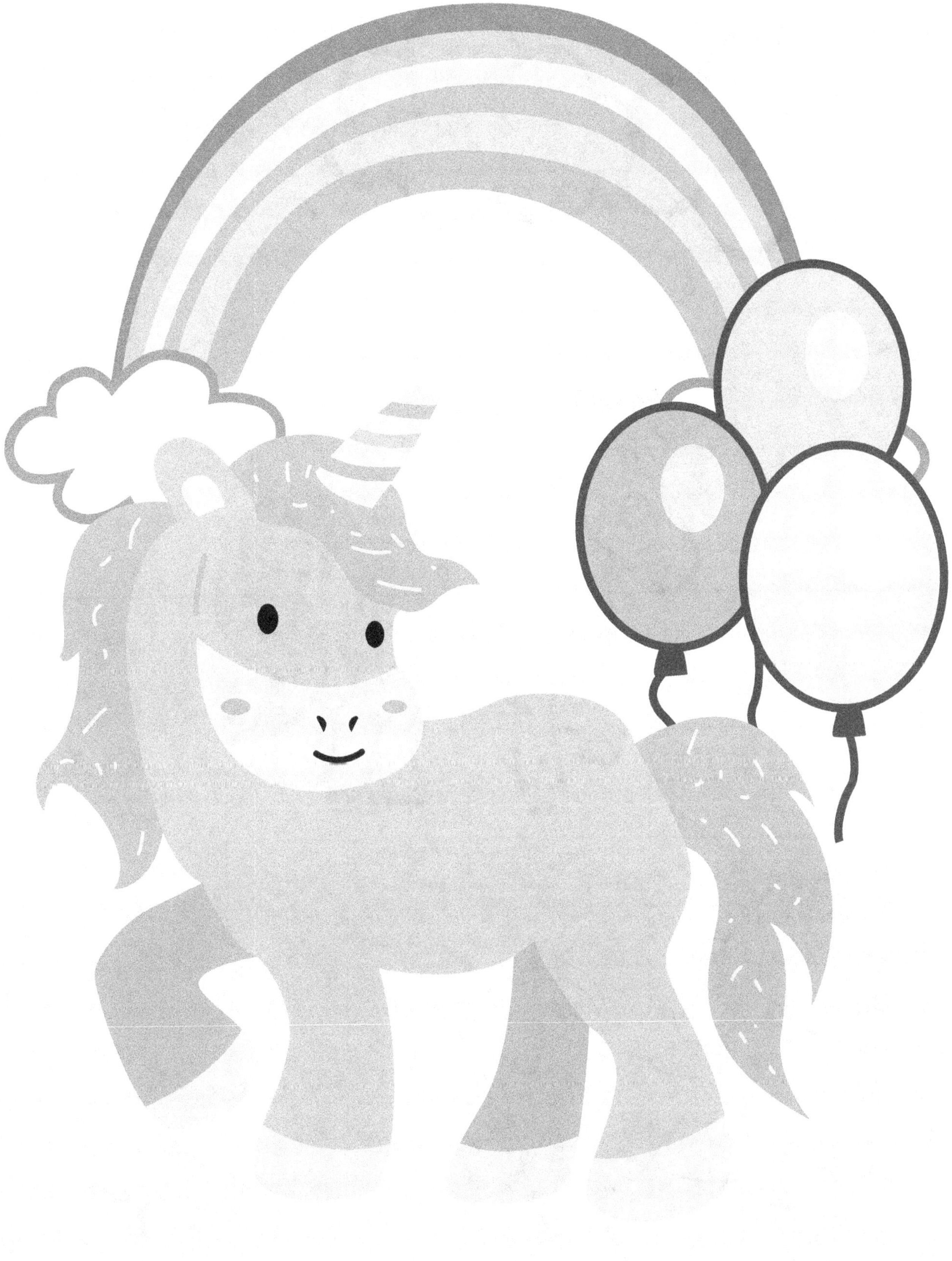

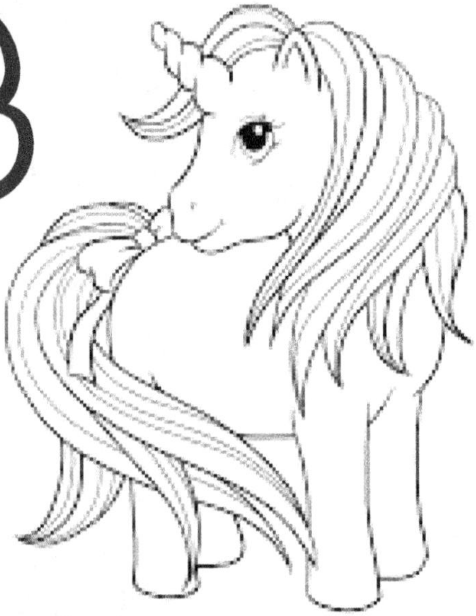

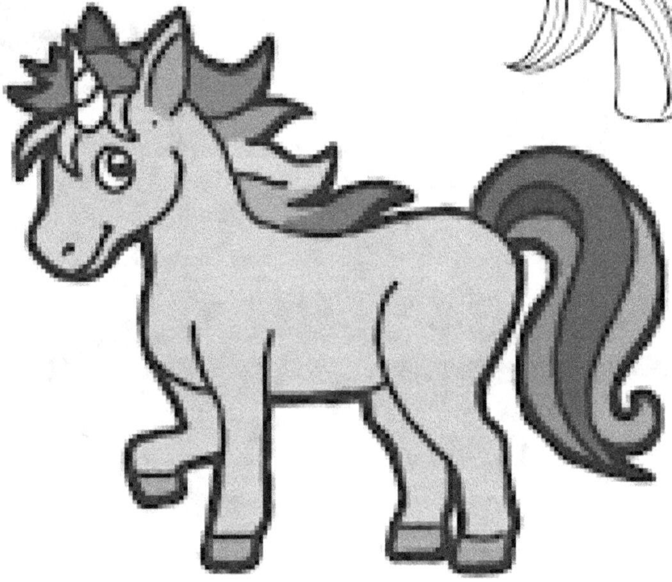

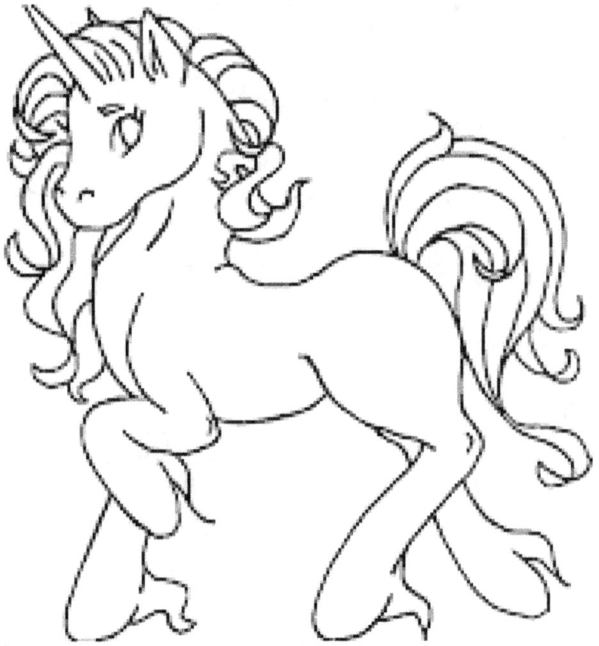

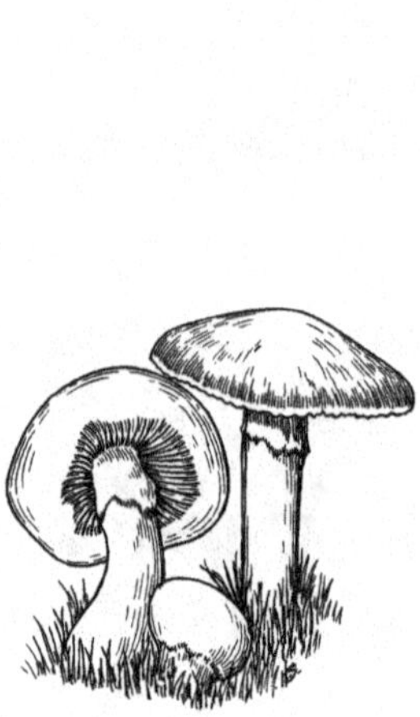

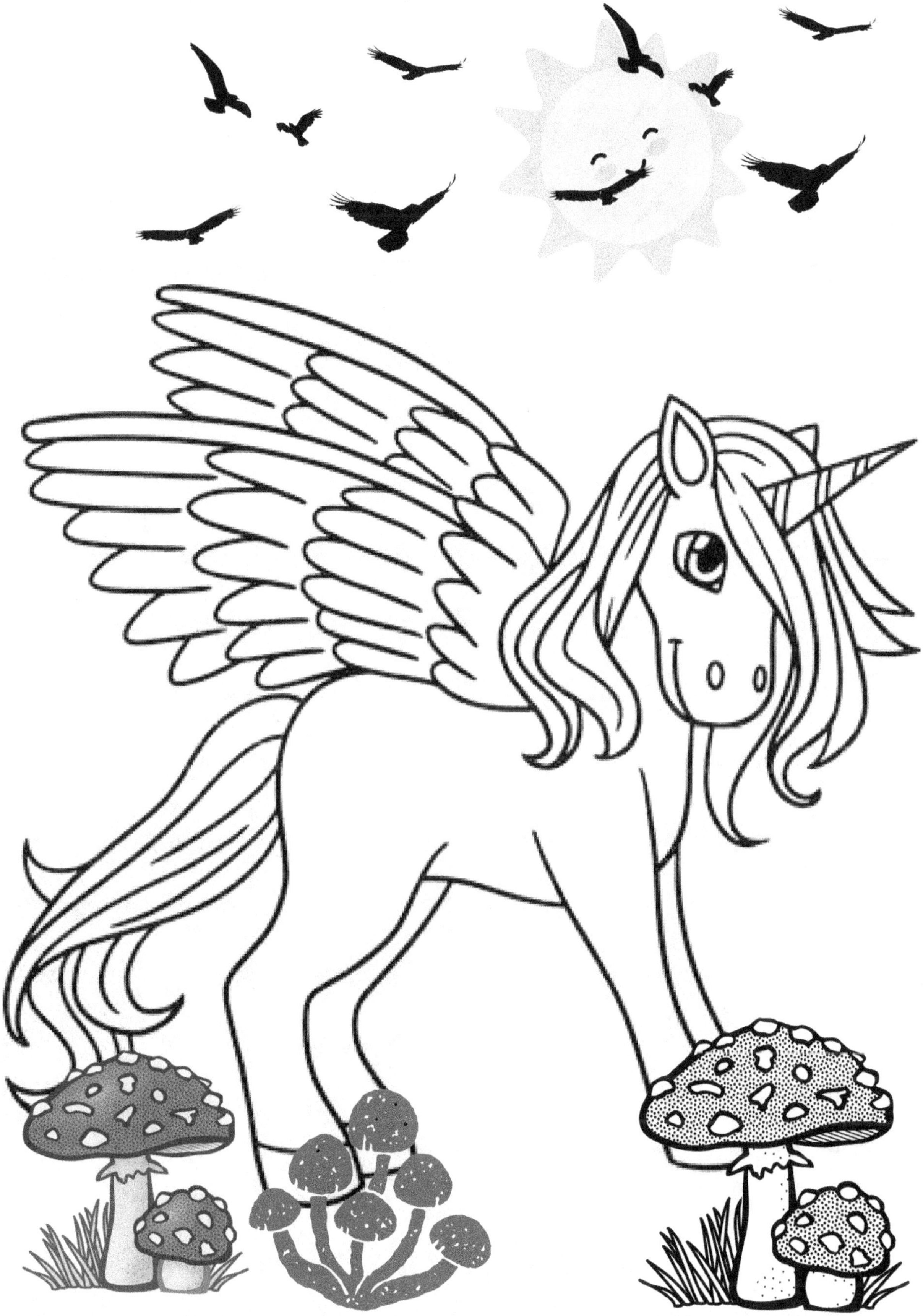

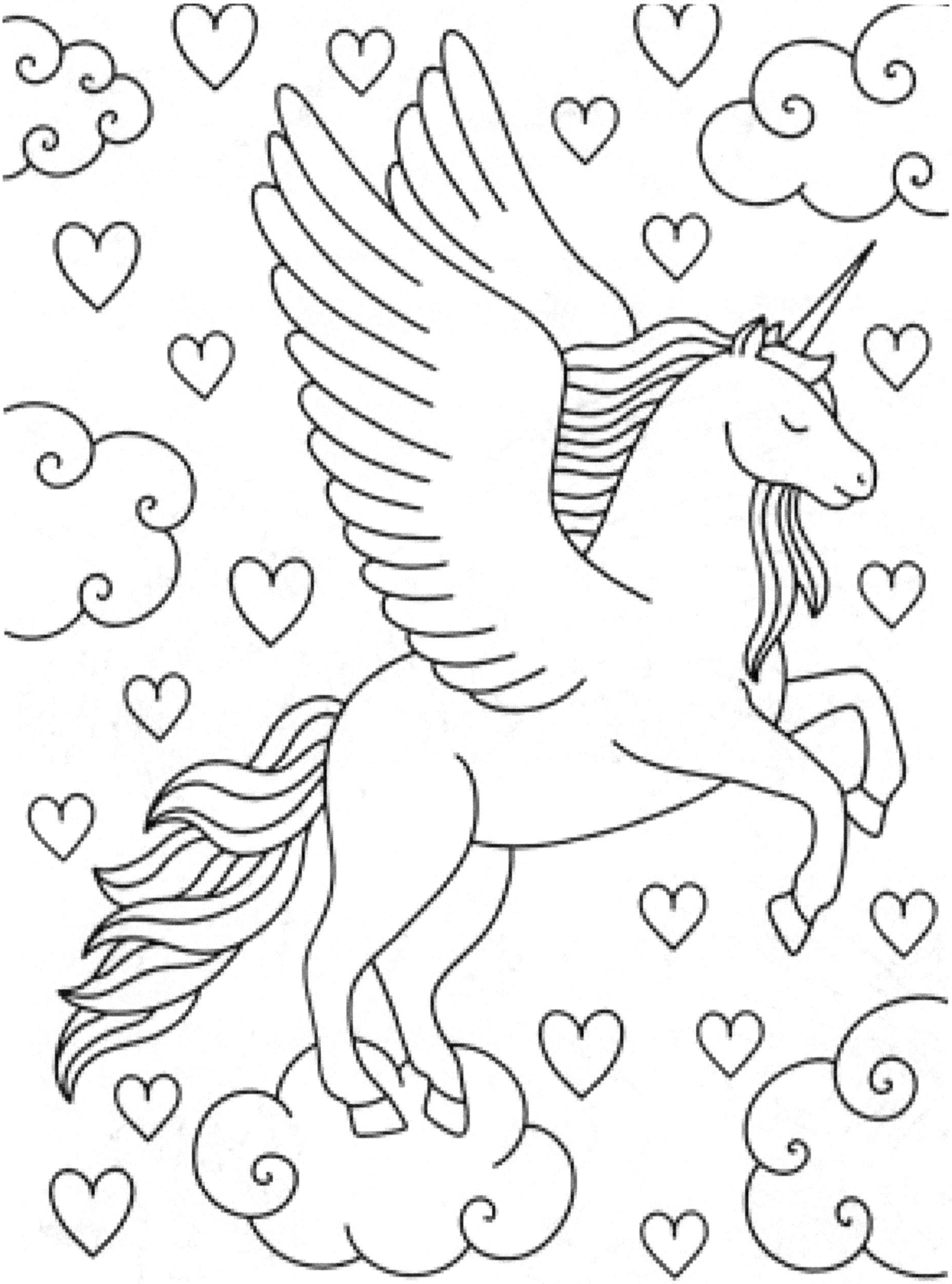

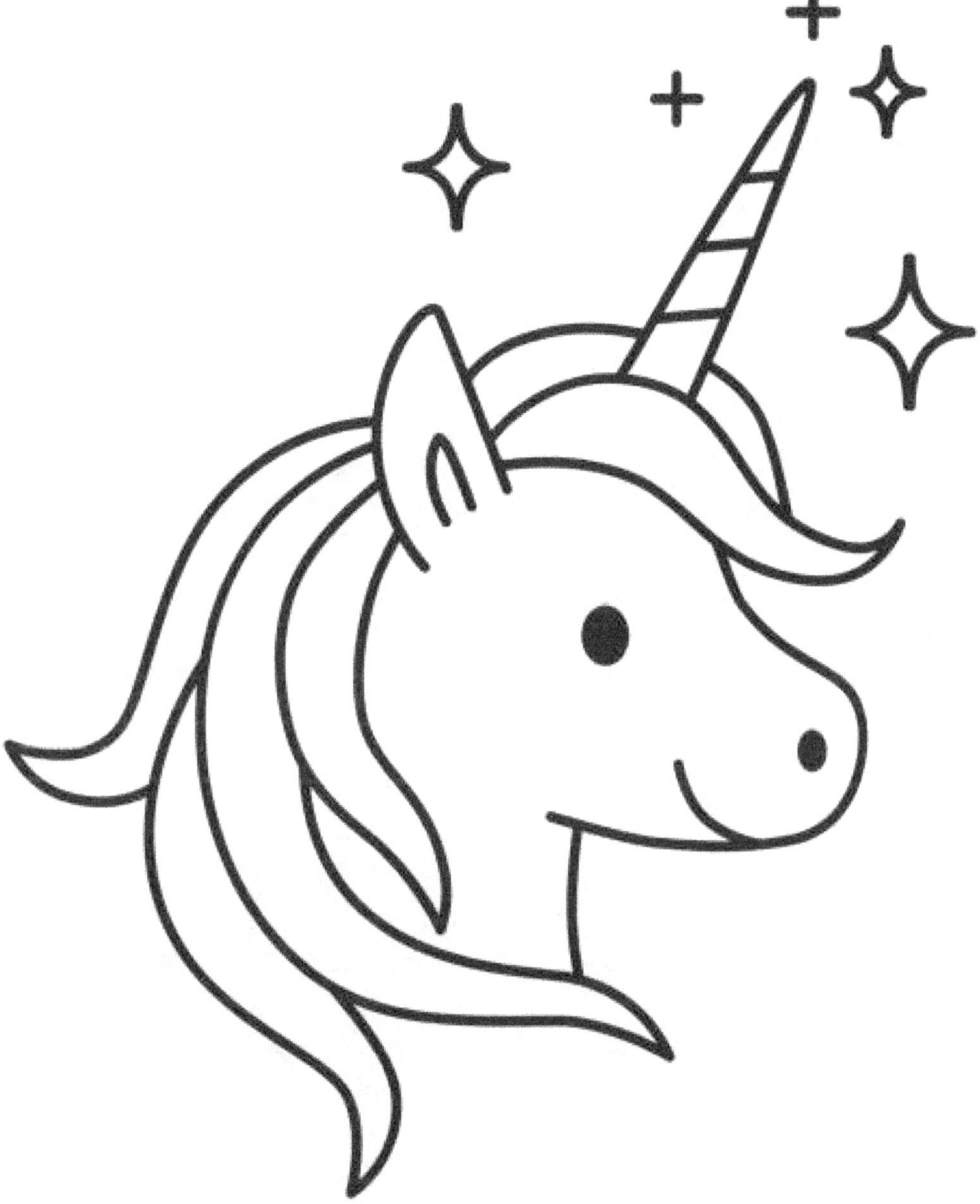

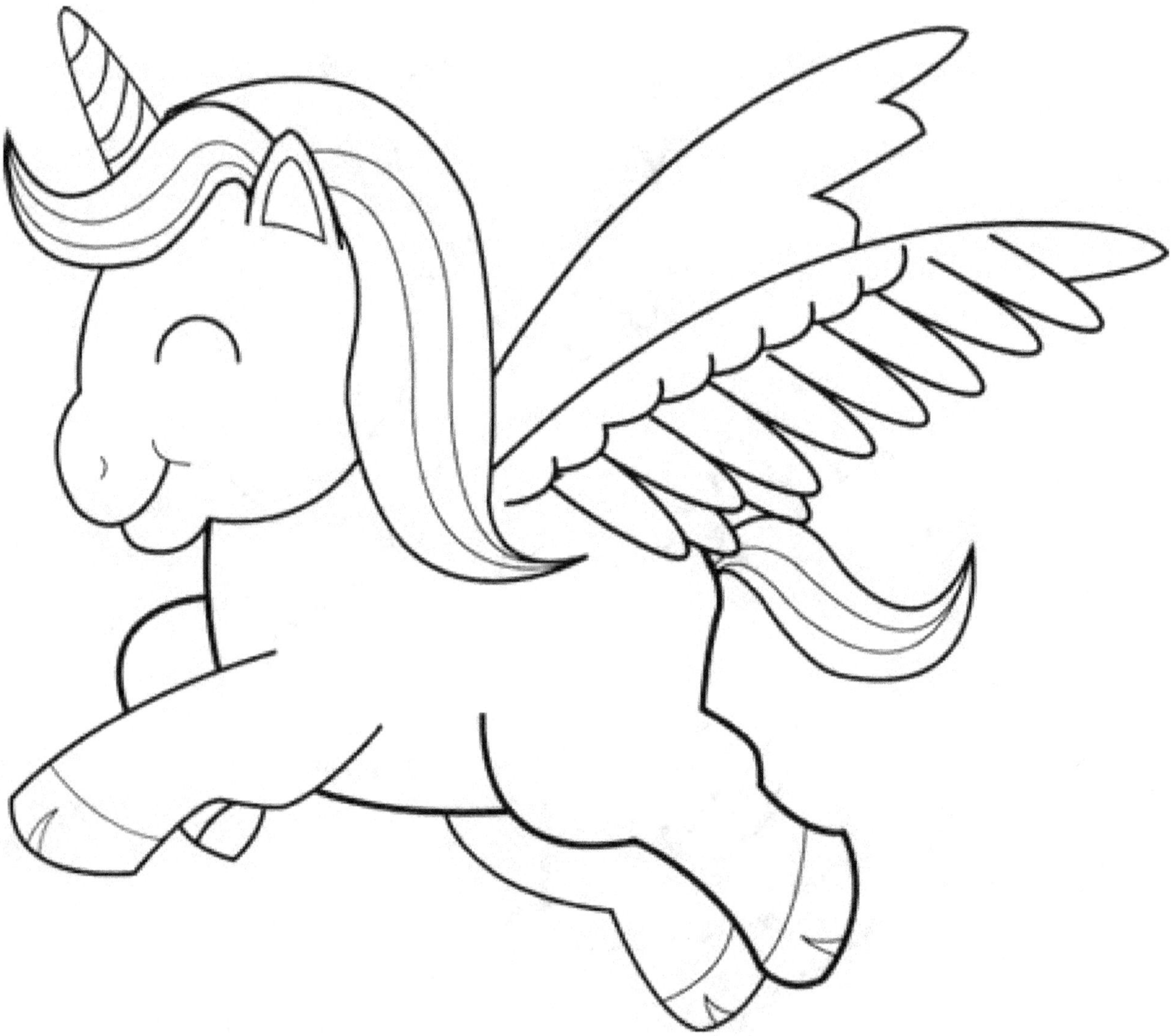

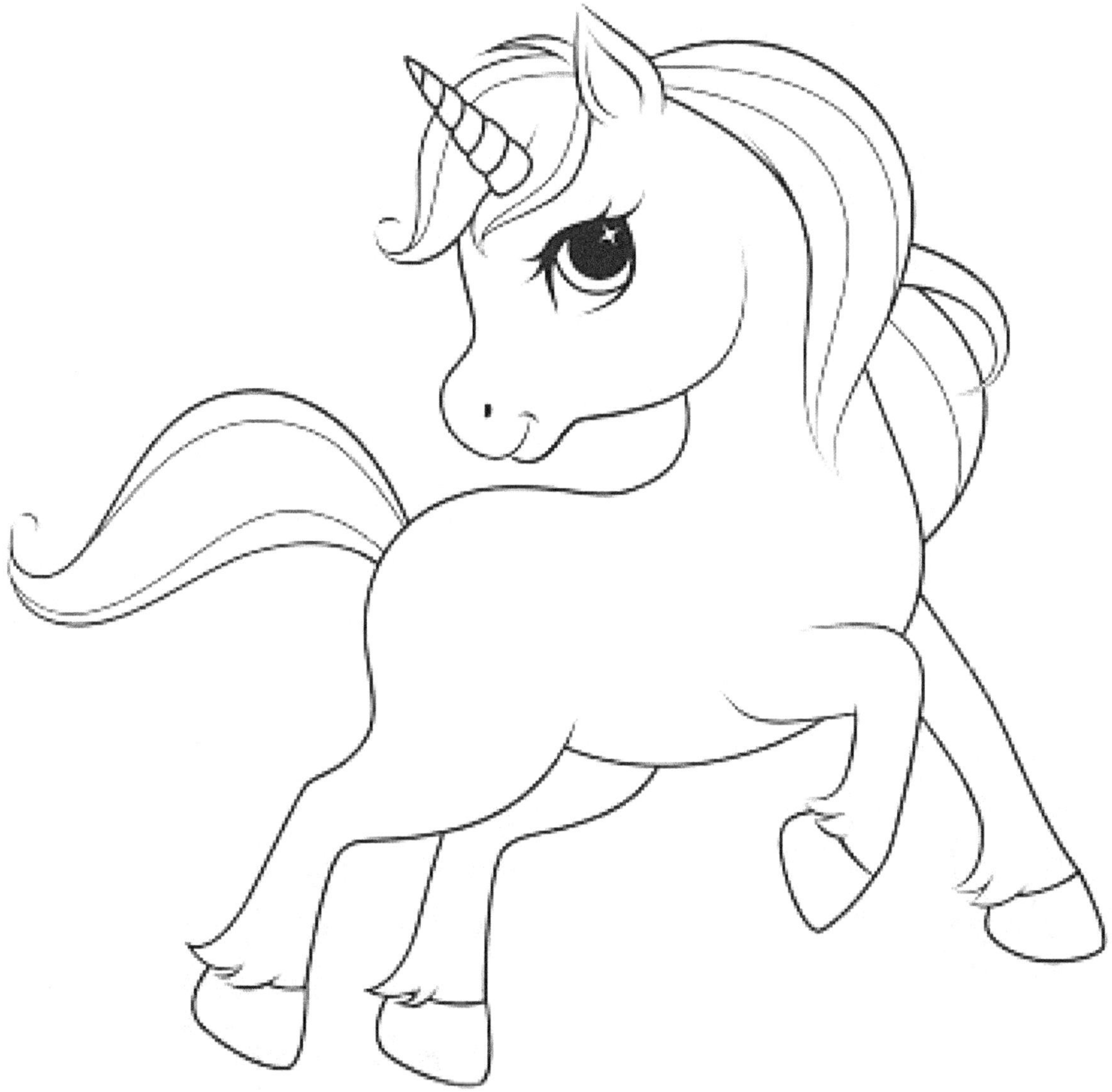

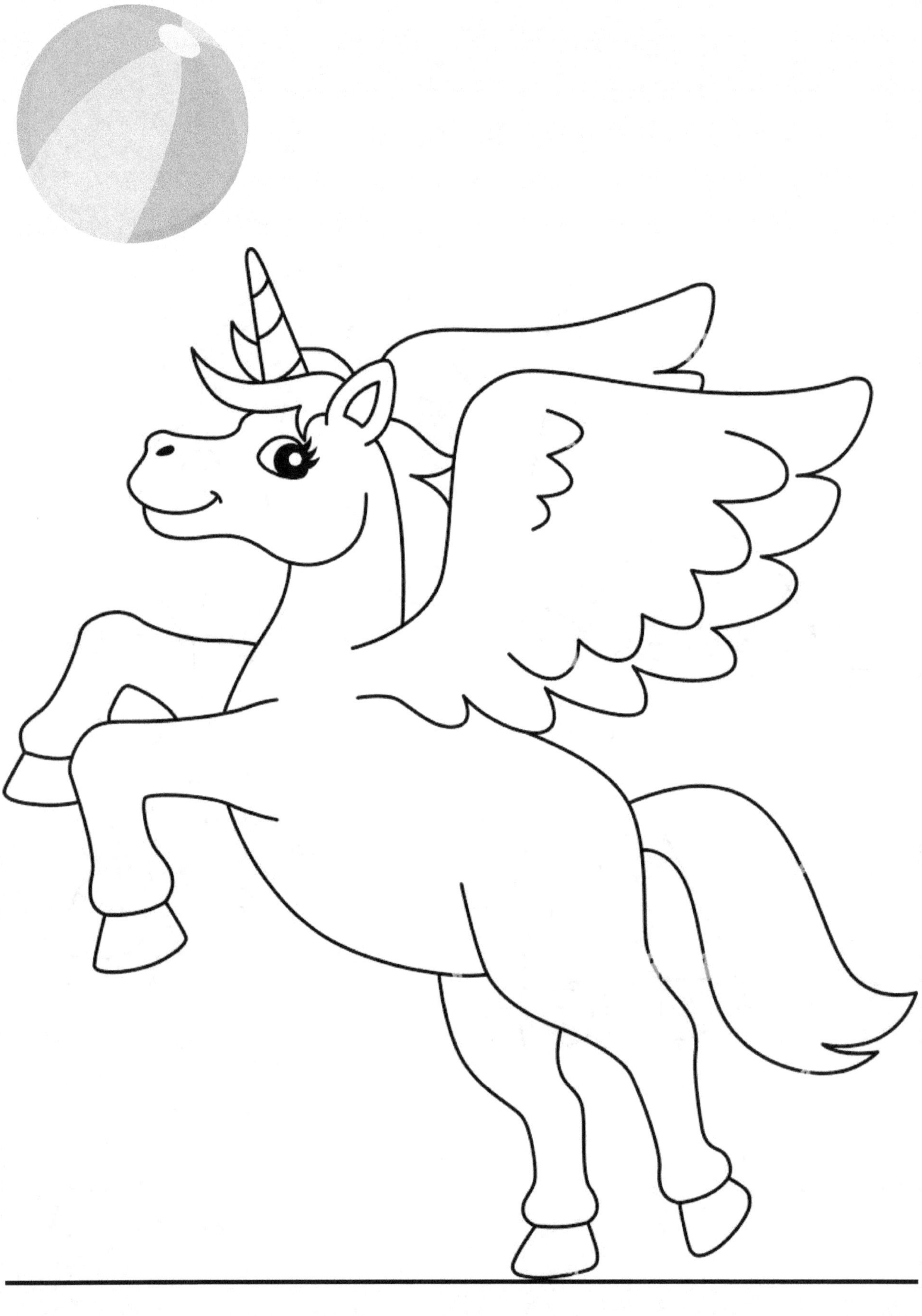

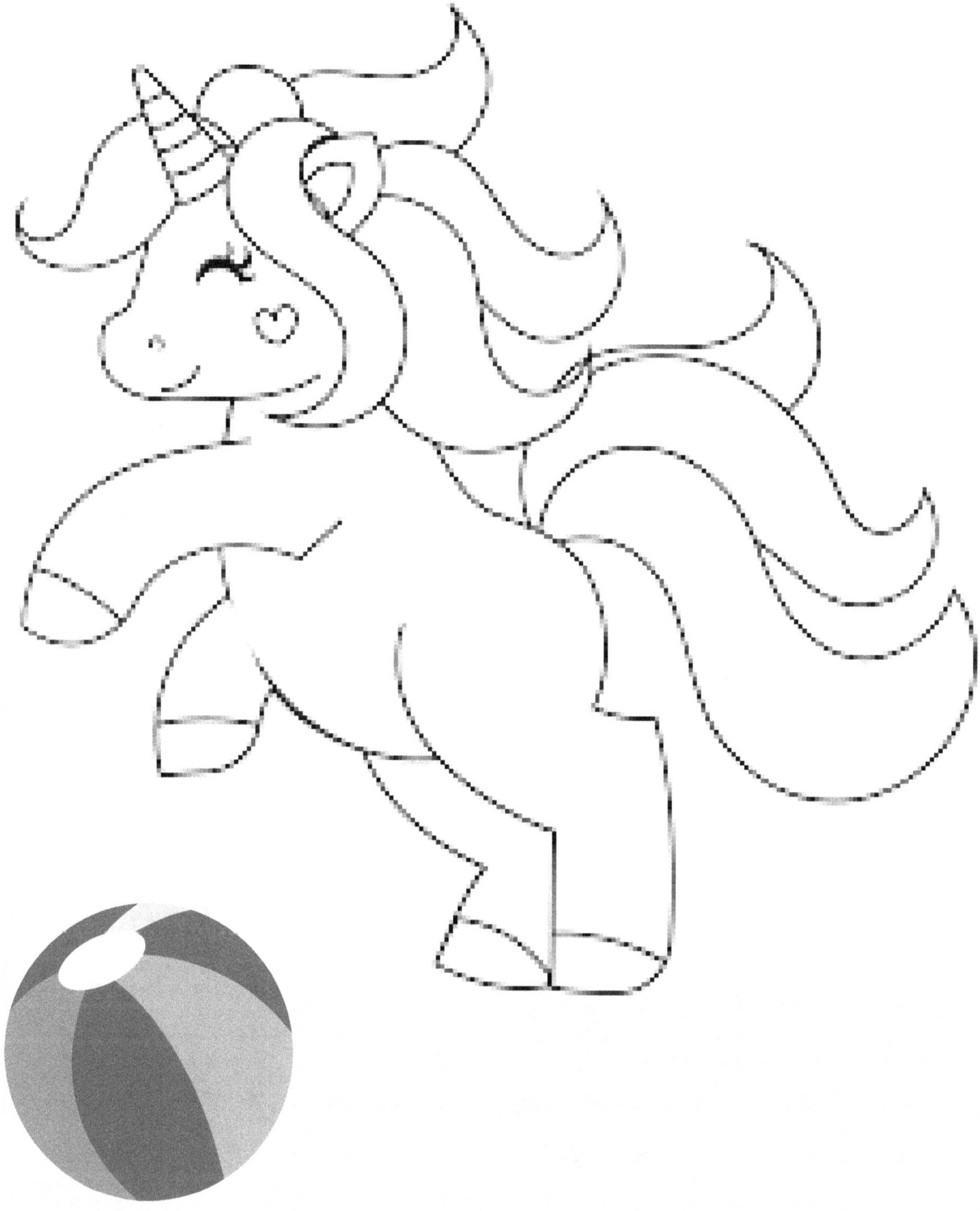

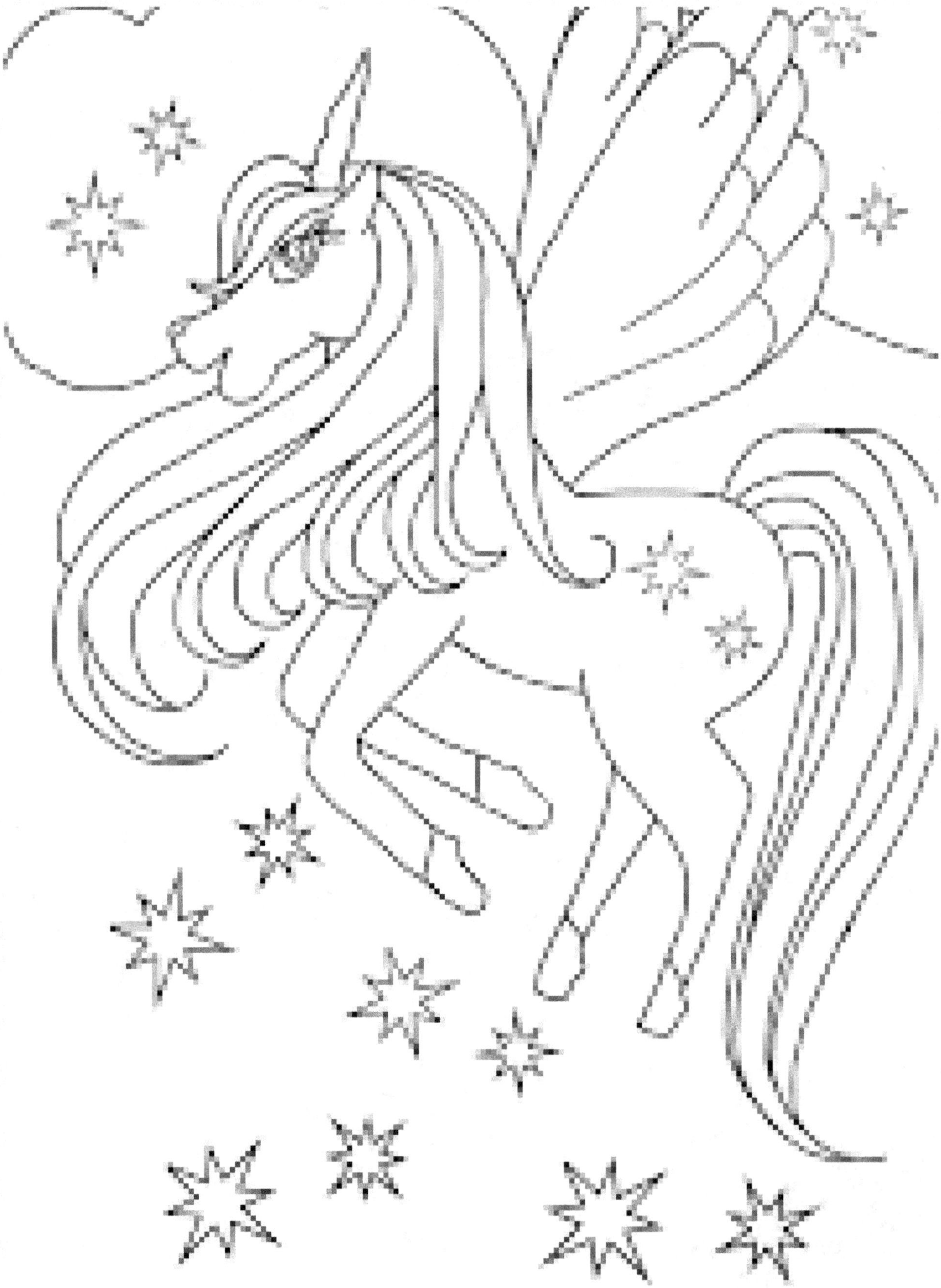

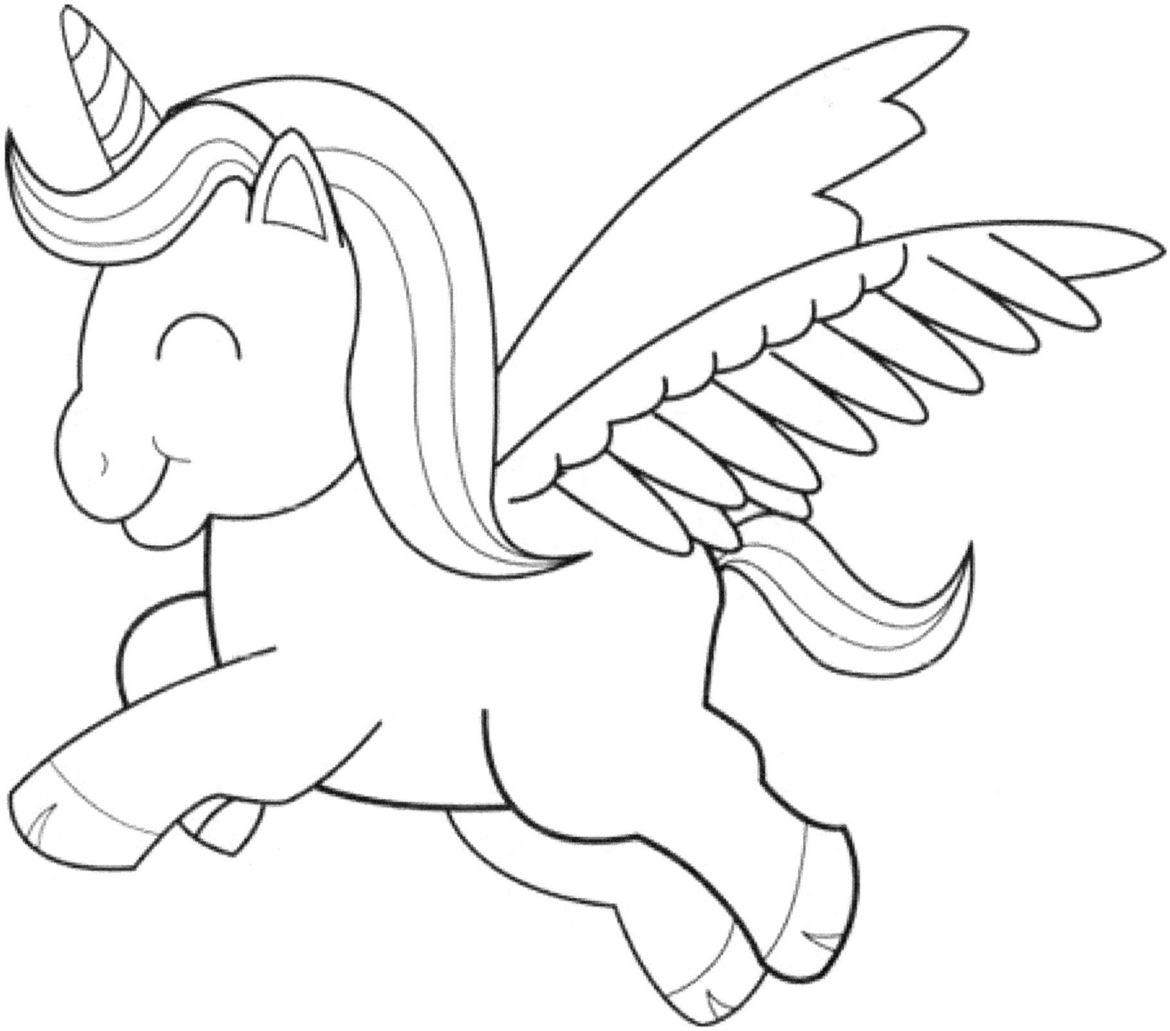

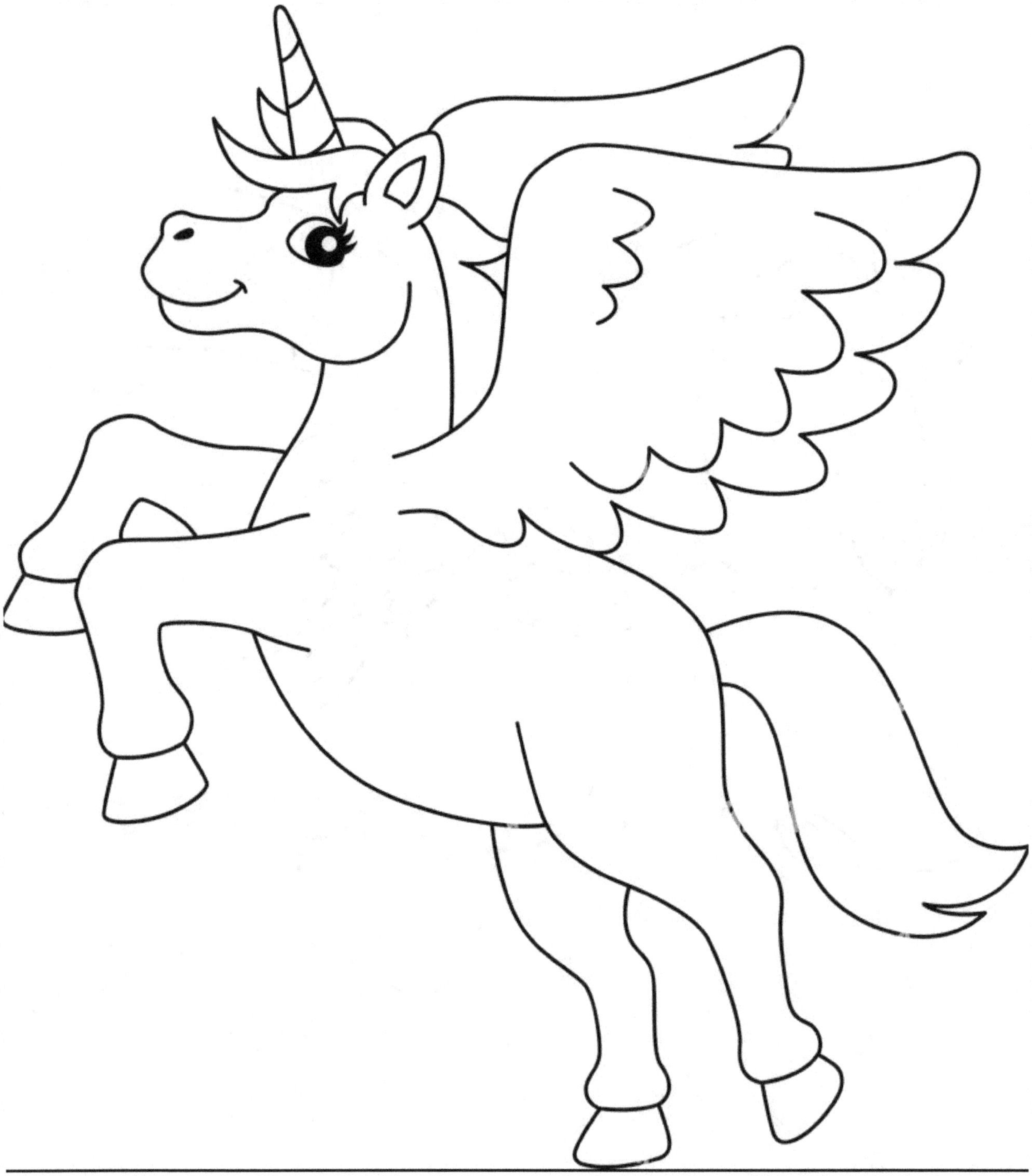

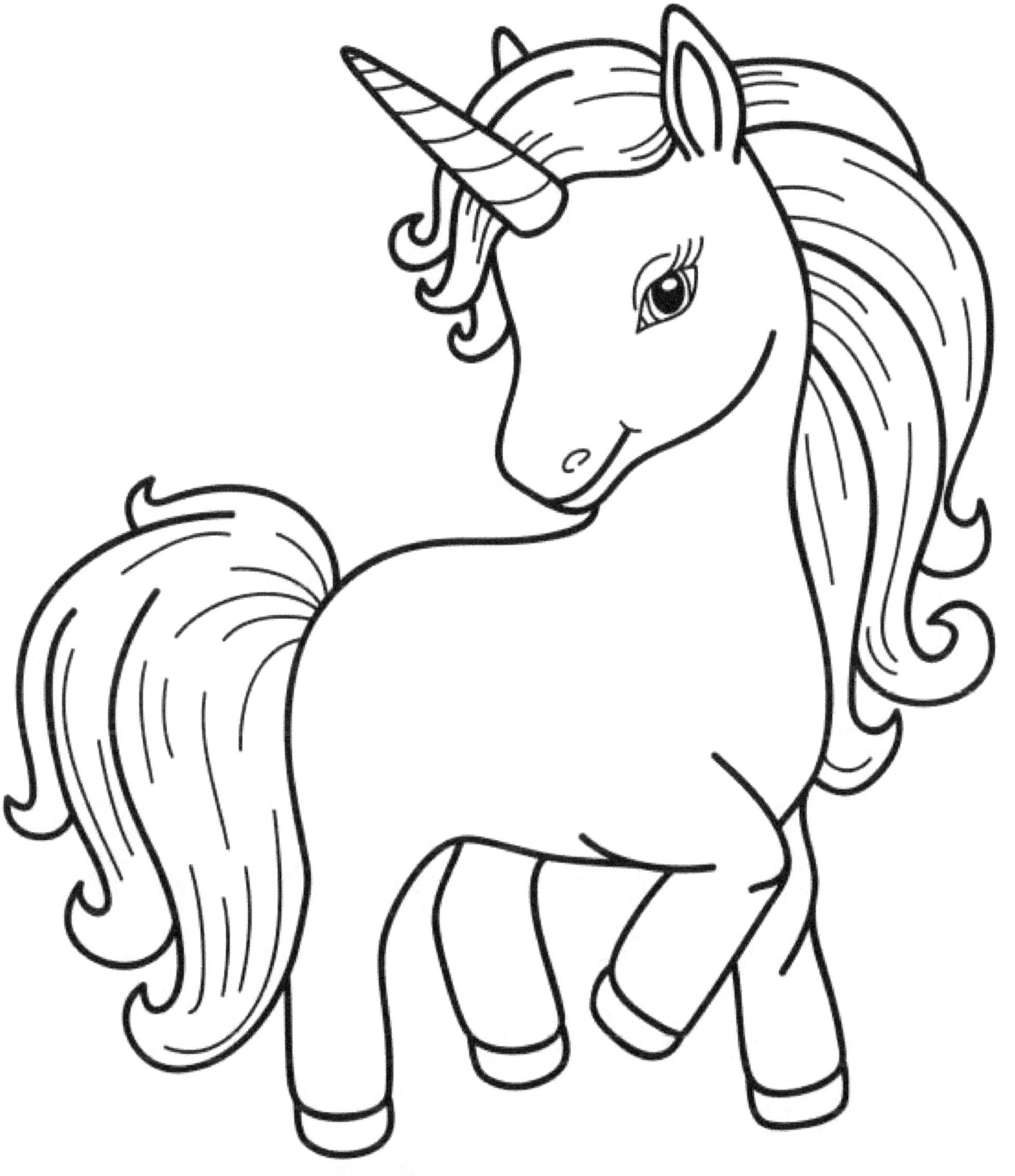

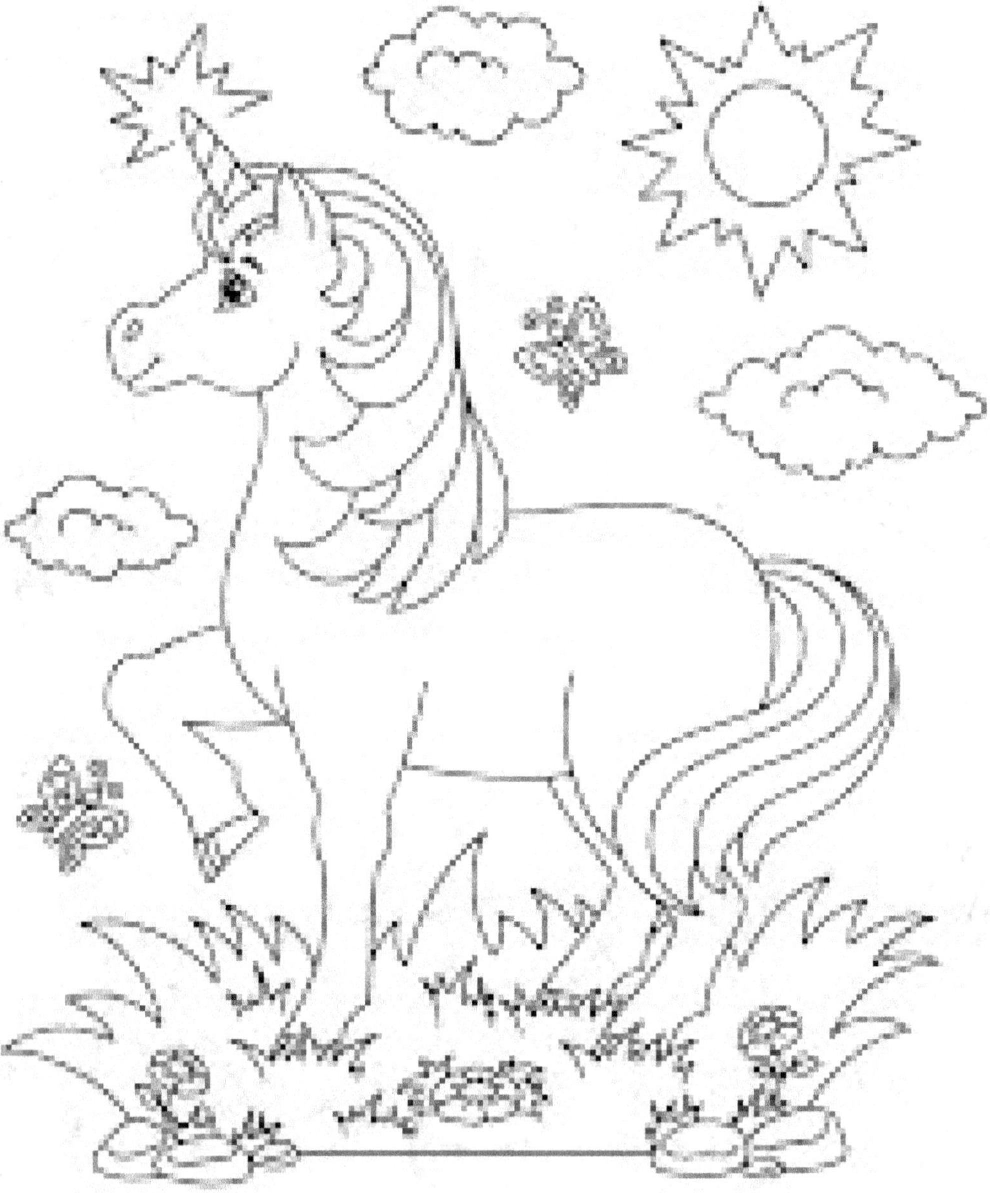

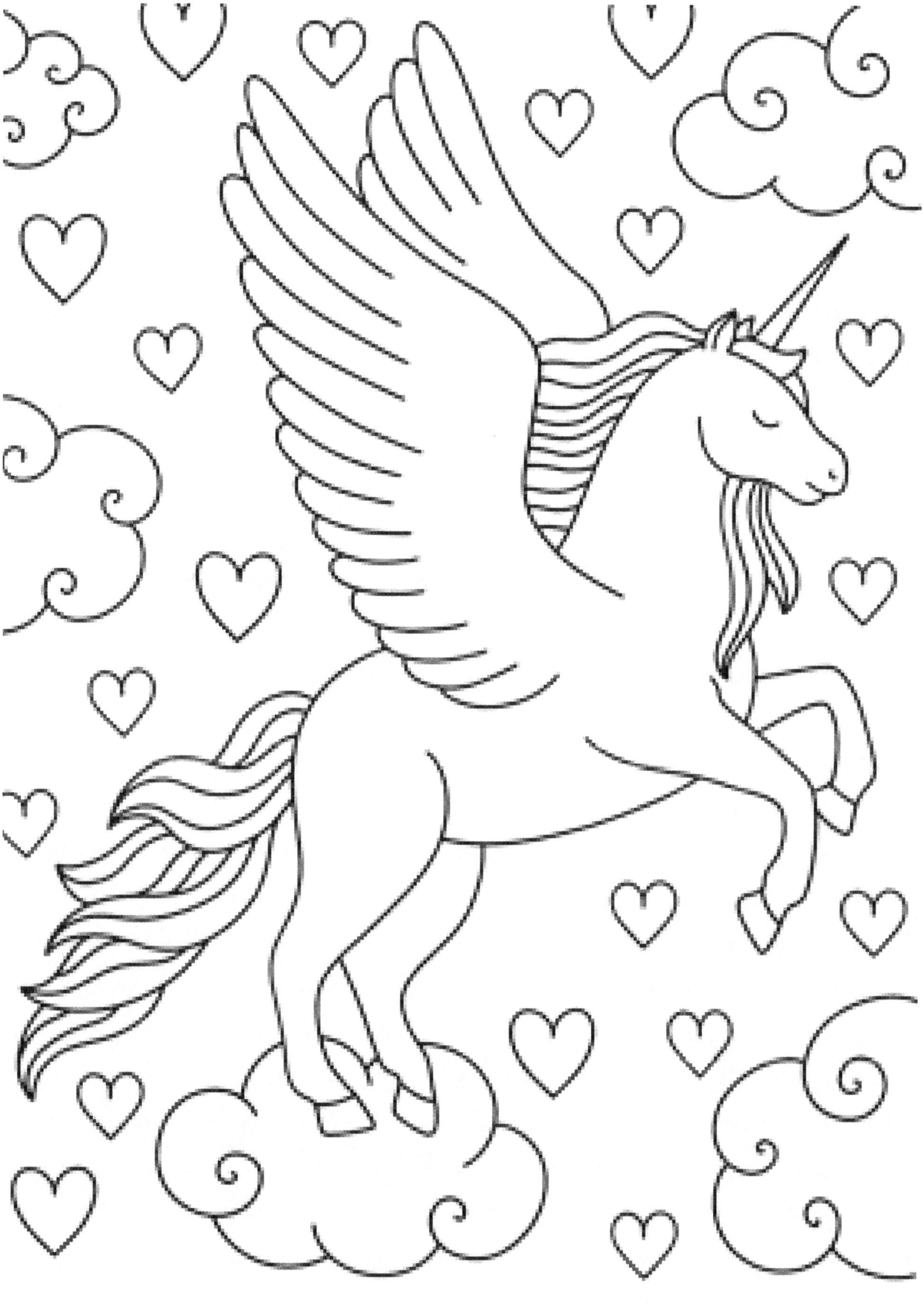

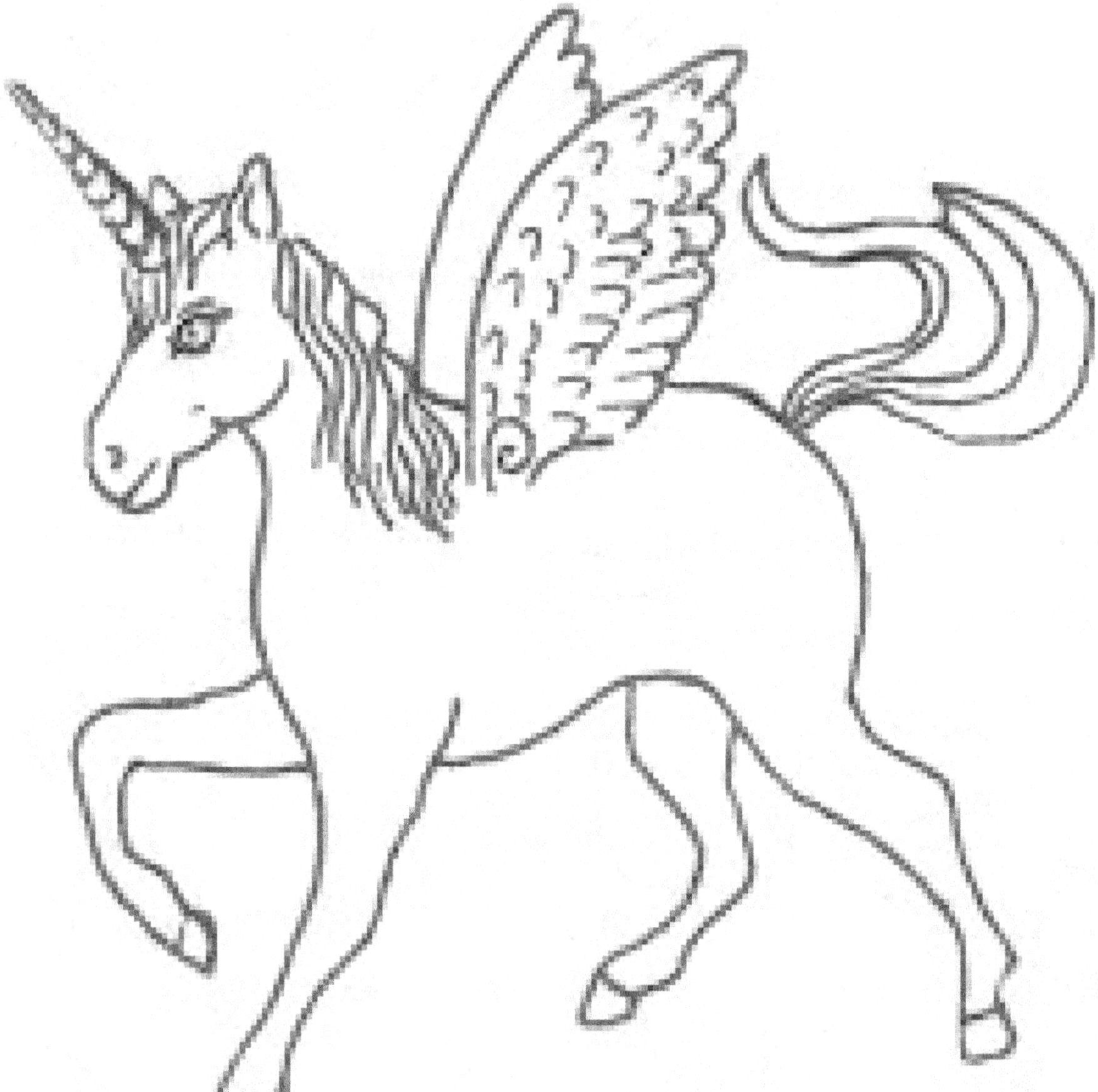

www.ingramcontent.com/pod-product-compliance
Lightning Source LLC
Chambersburg PA
CBHW080630220526
45467CB00011B/3446
* 9 7 9 8 3 9 0 6 0 7 6 7 1 *